PASSÉ, PRÉSENT

ET

AVENIR DE LA FRANCE

PAR

LÉON DELBOS

PARIS

ERNEST LEROUX, ÉDITEUR

28, RUE BONAPARTE, 28

—

1879

OUVRAGES DU MÊME AUTEUR

Dissertation on the Mathematics. Dublin, 1875. — (Epuisé.)

Popery. London, 1878 .... » 75

The Pope, a freemason. London, 1878 .... » 25

French Accidence and Minor Syntax. London, 1878.. 2 »

Chapters on the Science of Language. London, 1878 .. 3 75

L'Athée. Paris, 1879 .... 2 50

AU LECTEUR

Ces quelques pages m'ont été inspirées par mon amour sincère pour la République et pour le peuple de France, au sein duquel j'espère pouvoir me retirer un jour.

Depuis des années, j'habite la terre étrangère, mais pas un instant ne s'est passé sans que mes pensées se reportassent vers le pays où les premières années de ma jeunesse se sont écoulées et où j'ai puisé cet amour des hommes qui existe en France à un plus haut degré que partout ailleurs. Les événements politiques qui se sont succédé dans notre patrie depuis quelques années m'ont souvent alarmé, et, aujourd'hui que la France jouit en paix du fruit de ses conquêtes morales, je me hasarde à publier ces quelques lignes qui n'ont que le mérite d'avoir été écrites par un républicain sincère et dévoué à la cause de la liberté, dans l'espoir qu'elles pourront faire un peu de bien et que ceux entre les mains desquels elles tomberont voudront bien n'y voir que les pensées d'un ami de l'humanité et non celles d'un homme de parti.

Londres, mars 1879.

PASSÉ, PRÉSENT

ET

AVENIR DE LA FRANCE

LE PASSÉ

Il n'est pas nécessaire, pour l'objet que j'ai en vue, de remonter au temps où la France n'était qu'une agglomération de petits duchés ou comtés appartenant à des seigneurs qui, considérant le sol natal comme une proie qui leur appartenait, de par Dieu, étaient toujours prêts à supporter leur prétendu droit par des moyens qui répugnent à la justice et à la morale, et pour qui le mot de liberté étant synonyme de droit de tout faire, du moins en ce qui les concernait; mais, laissant de côté cette triste période de notre histoire, nous nous reporterons par la pensée aux quelques siècles antérieurs à la Révolution, et nous examinerons très-brièvement quelle fut la condition du peuple à cette époque.

En ouvrant les pages d'une histoire de France, fût-elle même écrite par l'un des plus grands admirateurs de l'ancien régime, on est surpris d'y voir que la force brutale y fut constamment souveraine et y tint toujours lieu de justice; que la guerre et la rapine, sa fidèle compagne, y régnèrent sans interruption, et qu'elles étaient les seules sources de la richesse publique, s'il est permis toutefois de donner ce nom à des possessions qui, acquises par la seule force des armes, peuvent être reprises le lendemain par des moyens semblables. Quand on songe que le commerce et l'industrie ne peuvent exister et se développer sans la liberté et la sécurité, et que celles-ci, à leur tour, sont impossibles, lorsque des guerres continuelles, soit entre les nobles, soit avec l'étranger, désolent un pays et transforment tous les citoyens en soldats, il est facile de se rendre compte de l'état commercial et industriel d'une telle époque.

Il est vrai qu'il y avait bien des intervalles de paix, mais ils étaient si peu fréquents et si courts que personne ne songeait à entreprendre quoi que ce pût être d'utile, persuadé que l'on était que cette paix n'était qu'une trève et que la guerre recommencerait, comme de plus belle, lorsque les parties belligérantes seraient en état de renouveler le combat.

En admettant même que l'on eût pu compter sur quelques années de tranquillité, le commerce et l'industrie n'en auraient pas été moins paralysés, car les nobles étaient, pour ainsi dire, seuls possesseurs de la fortune, et étaient d'un sang bien trop pur pour se mêler de faire autre chose que le mal, tandis que le roturier était ou trop pauvre, ou avait trop peur de se voir dépouiller par les nobles, lorsqu'il était riche, pour pouvoir être commerçant.

Les guerres n'étaient encore qu'une partie bien faible des misères du peuple. Les seigneurs avaient enchaîné les hommes et en avaient fait des esclaves plus malheureux que les nègres que les marchands chrétiens vendaient à des planteurs non moins chrétiens, car les pauvres noirs qui travaillent sur les plantations américaines étaient nourris par le planteur, tandis que les esclaves blancs travaillaient pour nourrir le seigneur qui se gorgeait de tout pendant que le paysan végétait ou mourait de faim.

Le peuple malheureux chercha plus d'une fois la protection de l'Église; mais, comme celle-ci avait un intérêt puissant à ne pas s'aliéner les nobles, qui étaient les plus forts, elle fit comme toujours en pareille circonstance, elle promit beaucoup, mais elle ne donna rien; elle exhorta les hommes, au nom de Dieu, à souffrir avec patience, à supporter tous les maux en chrétiens, et elle fit espérer à ces malheureux qu'ils jouiraient un jour d'un bonheur d'autant plus parfait que leurs maux sur terre auraient été plus grands.

Il est vrai de dire que quelquefois l'Église prit réellement la défense du plébéien, mais ce fut encore elle qui en profita, et le paysan, délivré pendant un instant du joug seigneurial, passait sous le joug non moins redoutable de l'Église, et perdait la plus chère de toutes les libertés, — la liberté de conscience.

Les défenseurs de l'antique noblesse française nous disent qu'il y avait des lois, et que, par conséquent, c'était la faute du paysan s'il ne se faisait faire justice. Il y avait certainement des lois, mais qu'étaient-elles? Étaient-ce des lois qui s'appliquaient à tous les individus du même pays, sans distinction?

Non, ces lois étaient arbitraires, on les interprétait comme on l'entendait, et, comme un noble ne pouvait être jugé comme un paysan, il s'ensuit qu'elles ne servaient pas à grand'chose, si ce n'est que, plus d'une fois, on s'en fit une arme avec laquelle, au nom de la justice, on envoyait un manant au gibet ou en prison.

Quand un roi de France, plus libéral et plus intelligent que les autres, eut appelé auprès de lui des conseillers sortis des rangs du peuple, est-ce que les nobles ne les traitèrent pas avec le plus grand mépris, et est-ce que plusieurs fois ils ne les firent pas saisir et pendre? Voilà comment l'on traitait les représentants de la nation dans ce bon vieux temps, si cher aux descendants des vieilles et antiques familles.

Lorsque les rois, la noblesse et le clergé, cette trinité moderne, s'aperçurent que les représentants des volontés et des aspirations du peuple devenaient de jour en jour plus importants et plus hardis, à mesure qu'ils voyaient que leur mission était une mission sacrée, ils commencèrent par faire la sourde oreille, promirent sans tenir, et, las de s'entendre faire des reproches mérités, cessèrent de les convoquer, parce qu'il n'était pas bon, comme le disait le grand monarque qui ne fit jamais rien de grand, que quelqu'un parlât au nom de tous.

Voilà quelle était cette liberté que des historiens de notre temps qui se sont fait les apologistes des institutions antirévolutionnaires, n'ont pas craint de vanter et qu'ils n'ont pas rougi de nous offrir à la place de la liberté de notre époque, affirmant que le peuple était plus libre autrefois qu'aujourd'hui. A l'appui de leurs assertions mensongères, ils ont cité la loi sur les impôts, loi d'après laquelle aucun impôt ne pouvait être prélevé sans le consentement des contribuables. C'était sans doute une belle loi, mais le pauvre contribuable n'en profita jamais, et ne songea meme pas à en tirer parti, sachant que s'il refusait de payer, les soldats sauraient bien s'emparer de ce qu'il possédait et lui prendraient peut-être même sa vie.

Ce sont les mêmes historiens qui ont prétendu que l'Église d'avant la Révolution était une république modèle, parce que les plus pauvres pouvaient parvenir aux plus hautes fonctions du sacerdoce. Ils se sont bien gardés de dire que les évêchés et les riches abbayes étaient toujours donnés aux cadets de famille, pendant que le bas clergé était dans la misère et aussi esclave que le peuple, et que l'on ne payait pas la dîme pour le curé de campagne, mais pour l'évêque et l'abbé.

Le peuple était accablé d'impôts, il payait la *taille* ou impôt sur la terre, la *capitation* ou taxe sur la fortune personnelle, les *vingtièmes*, la *gabelle*, les *fermes générales* et la *dîme*.

C'était le paysan qui supportait le plus lourd fardeau, car les nobles et le clergé étaient exempts de la taille, et, comme la capitation était répartie selon la taille, il arrivait que ceux qui en étaient exempts ne la payaient pas du tout ou ne la payaient pas d'une manière équitable, et son poids retombait encore sur le laboureur.

Les fonctions publiques, au lieu d'être, comme aujourd'hui, accessibles à tous les citoyens, n'étaient que le partage des classes privilégiées, tandis que les charges de la magistrature s'achetaient à poids d'or.

Rien n'était en sûreté, ni la propriété, ni la personne des individus, dans un temps où les lettres de cachet et la confiscation pouvaient, en un moment, jeter un innocent en prison et le dépouiller de tout.

En voilà assez pour faire voir quels furent les abus du temps passé, abus qui furent en partie extirpés par la Révolution française qui, quoique l'on puisse dire et quelque grands qu'aient été les maux qui l'ont accompagnée, a encore fait plus pour le genre humain que les conquêtes des plus grands capitaines.

Je ne dirai rien de ce qui s'est passé depuis cette époque mémorable dans l'histoire du monde, car les événements qui se sont succédé en Europe depuis la Révolution sont trop bien connus pour qu'il soit nécessaire de s'y appesantir.

C'est pourquoi, laissant de côté le premier Empire avec sa gloire, ses crimes et l'invasion, la Restauration avec sa bourgeoisie, la République de 1848 avec ses poètes et ses assassins, le second Empire avec son coup d'État, sa campagne du Mexique et *sa guerre* franco-allemande, nous examinerons, en quelques mots, quelle est la situation de la France en 1879, au moment même où j'écris ces lignes.

LE PRÉSENT

En 1871, après une guerre épouvantable, suivie de discordes non moins affreuses et encore plus sanglantes, l'Europe se prit de pitié pour la France, parce que l'Europe crut un moment que France et Français avaient cessé d'être à la tête de la civilisation.

Parmi les pays qui se montrèrent les plus grands amis de la France en détresse, il faut citer l'Angleterre, qui se garda bien de faire un pas en notre faveur au moment du danger. Quand je dis, l'Angleterre, je veux parler de ceux qui étaient alors à la tête du gouvernement et non pas du peuple de la Grande-Bretagne qui aurait acclamé avec la joie la plus vive et la plus sincère le décret qui aurait annoncé que l'ancienne ennemie de la France allait tendre la main à celle qui, avec le plus grand désintéressement, lui avait prêté main-forte en Crimée. Quand vint le moment de payer l'indemnité de guerre, l'Europe fut surprise de voir avec quelle facilité la France se déchargeait d'une aussi lourde dette, et elle commença à comprendre que le malade, loin d'être à la mort, était en pleine convalescence. Les événements qui ont lieu depuis lors sont connus de tout le monde et il est inutile que nous nous y arrêtions. Aujourd'hui, grâce aux institutions républicaines, qui deviennent de plus en plus fortes, et grâce aussi à la modération, à l'intelligence et au dévouement du peuple et de ceux qui sont ses représentants, toutes les classes jouissent d'une liberté, qui, quoique loin d'être parfaite, permet au moins à chacun de nous de parler, d'adorer Dieu, selon sa conscience, de travailler pour améliorer le sort de sa famille et de posséder la propriété acquise honnêtement sans avoir à craindre qu'un noble s'en empare. L'instruction est à la portée de tous, les fonctions de la magistrature peuvent être remplies par des hommes sortis des rangs des travailleurs, tandis que les grades de l'armée sont accessibles à tous ceux qui, par leur talent et leur intelligence, ont su s'en rendre dignes.

Par-dessus tout cela, le Français d'aujourd'hui est libre de choisir les hommes qui le représentent dans la grande assemblée législative et, grâce aux développements de l'instruction, les classes laborieuses ont reconnu qu'il y avait plus de puissance dans une société d'honnêtes gens sans autre arme qu'un bulletin de vote, que dans une troupe d'émeutiers armés jusqu'aux dents.

La situation commerciale et industrielle de la France est florissante, et l'Exposition universelle, dont les portes viennent d'être closes, vient de faire voir au monde étonné que, malgré ses désastres, elle est encore capable d'offrir au public un spectacle aussi grand et aussi utile sous le gouvernement de la République que sous un Empereur ou sous un Roi.

Les relations qui existent entre la France et l'Étranger sont excellentes et meilleures que sous les gouvernements qui ont précédé celui de la République, parce que la France n'est plus la terreur de l'Europe, mais qu'elle est le pays vers lequel l'Étranger tourne ses regards pour y découvrir ce qui, en quelques années, a pu transformer notre pays et en faire une terre où la paix, la liberté et la richesse se sont réfugiées.

Quelle est la situation des autres États de l'Europe ?

La Russie est menacée d'une guerre terrible, qui ne peut manquer d'éclater un jour, celle de l'esclave contre son maître.

L'Allemagne est dans une situation analogue, et l'embarras qui existe dans ces finances lui cause de graves inquiétudes, pendant que son système militaire l'affaiblit de jour en jour, et que, malgré les efforts de M. de Bismarck pour supprimer le socialisme, les sociétés secrètes y fleurissent et menacent de renverser un jour ceux qui sont à la tête du gouvernement de ce pays.

L'Autriche est entrée dans une voie d'où elle ne sortira pas facilement, et l'Italie est agitée par une multitude de partis ; l'Espagne est à la veille de voir les guerres civiles recommencer, et l'Angleterre, l'Angleterre elle-même, a sa question d'Orient, qui ne s'arrête pas à Constantinople, mais qui va jusqu'aux Indes ; elle a peur que plusieurs de ses colonies ne lui échappent ; son commerce est loin d'être florissant, et l'Irlande, agitée par les *Fenians* et les *Home-rulers*, est pour elle le boulet attaché au pied du forçat. La France seule est libre et indépendante, et, s'il y a en France des gens qui se plaignent, un regard sur les affaires de leurs voisins suffira pour leur faire comprendre qu'ils n'ont rien à leur envier, et ils reconnaîtront que l'homme d'État anglais qui disait l'autre jour, en parlant de la France, qu'*elle est le seul point brillant sur la sombre et orageuse scène des complications européennes*, ne faisait que dire une grande vérité.

Parmi les causes qui ont fait de notre beau pays ce qu'il est aujourd'hui, il en est une que l'on doit mettre avant toutes les autres :

C'est le bon sens que les Français ont montré en toute circonstance, depuis quelques années.

Nous nous sommes occupés de nos affaires au lieu de faire celles des autres, et voilà pourquoi l'Étranger a cessé de considérer la France comme une nation agressive, toujours prête à envahir le territoire de ses voisins, sous le prétexte le plus futile ; tandis que cette passion pour la gloire militaire (gloire éphémère s'il en fut jamais) a cessé d'être une manie française et que cet amour de posséder un coin de terre, arraché à une nation plus faible par la force des armes, a été remplacé par celui d'être utile à tous les membres de la grande famille française, en particulier, et du genre humain en général.

L'AVENIR

Telle est aujourd'hui la situation de la France, situation qu'il ne tient qu'à nous de conserver et d'améliorer dans l'avenir.

Que faut-il pour cela ?

— Que la France ne se laisse pas tenter par des promesses séduisantes qui ne manqueraient pas de la faire retomber dans l'abîme d'où elle est sortie avec tant de peine et tant de gloire, et qu'elle ne se fie pas aux protestations d'amitié de princes qui, par le fait même qu'ils sont princes appelés à régner un jour sur des hommes, ne peuvent être les vrais amis d'une république libérale.

— Que les trophées militaires du passé ne l'empêchent pas de chérir la paix, le plus grand bien d'une nation.

— Que les conquêtes de l'étranger ne lui fassent pas oublier qu'il n'y a de glorieux que ce qui peut rendre les hommes plus heureux et meilleurs.

— Que les projets de revanche, chéris par les ennemis de la paix et de la République, ne la fassent pas s'écarter de la route du bon sens où elle s'est engagée depuis plusieurs années.

— Qu'elle n'oublie pas que la revanche de Sedan est facile et qu'elle l'a déjà trouvée dans la prospérité qu'elle a acquise depuis cette époque, dans le calme que ses institutions libérales lui ont procuré et dans le fait incontestable que l'Europe en est aujourd'hui à envier les vaincus de 1870.

Un danger existe cependant, danger que nos hommes d'État peuvent seuls écarter de nous, c'est celui de former des alliances offensives et défensives desquelles il n'est pas facile, pour ne pas dire impossible, de prévoir l'issue.

Aujourd'hui la puissante et riche Angleterre se tourne vers nous, nous flatte et recherche notre appui, parce qu'elle se sent isolée, qu'elle sait que la France est un auxiliaire puissant et qu'elle a besoin d'elle pour faire réussir les projets que ses hommes d'État ont nourris secrètement depuis leur avénement au pouvoir.

C'est dans l'intérêt de l'impérialisme britannique, représenté par un juif travesti en chrétien, qui n'aime pas plus la France que l'Angleterre, que cette alliance serait formée.

Nous n'avons rien à craindre du peuple anglais, qui est réellement et sincèrement l'ami du peuple de France, mais nous avons tout à redouter de celui qui est aujourd'hui à la tête des affaires de la Grande-Bretagne, et pour qui le monde semble n'être qu'un vaste jeu de cartes qui sert à amuser le diplomate sémitique.

Que nous importe que les Russes soient ennemis de l'Angleterre, et qu'avons-nous besoin de nous mêler des querelles de nos voisins et d'être le champion de ceux qui, au moment où la France agonisante avait tant besoin de secours, l'ont laissée à la merci des envahisseurs?

Ce n'est pas une politique d'égoïsme que je prêche. Loin de moi une telle pensée, car je ne trouve rien de plus abject, pour une nation puissante, que de laisser le faible succomber sous les coups du fort, parce que ses intérêts ne sont pas en jeu.

Il est temps que ces guerres fratricides, qui ont de tout temps désolé le monde et qui semblent devenir de plus en plus fréquentes, cessent, et il est du devoir d'une nation libre et puissante de s'y opposer ou tout au moins de ne pas y aider en y prêtant son appui.

La France a toujours vulgarisé les grandes idées ; c'est elle qui a offert au genre humain les droits de l'homme, c'est elle qui, la première, a élevé sa voix contre l'esclavage ; c'est donc à elle de prendre parti pour le faible opprimé contre le fort oppresseur, et non de s'allier avec le fort pour écraser le faible.

Il est nécessaire que le Français, aujourd'hui libre et indépendant, apprenne à respecter les idées et les opinions de ses adversaires en politique et en religion, quand ces idées sont honnêtes et qu'elles ne sont ni contre la morale ni contre l'ordre public.

Que le catholique, le protestant, le juif et le libre-penseur soient traités selon leurs actions et non selon leurs croyances ; que le royaliste et le républicain reconnaissent pour chefs ceux que la nation aura choisis *librement*, et que les représentants des différentes nuances républicaines ne perdent pas de vue que le seul objet digne de leurs efforts est la consolidation de la jeune République française et non celle d'un parti.

La République est aujourd'hui un fait accompli, mais elle a besoin d'être fortifiée et de gagner l'estime de tous par des actes pleins de justice et de raison. Pour beaucoup de Français, c'est un essai, et il est donc de la plus grande importance, que ceux que la nation à honorés de sa confiance lui prouvent qu'ils en sont dignes ; le pouvoir est aujourd'hui entre les mains des républicains, et, si la République s'écroulait, ils ne pourraient que s'accuser eux-mêmes d'en avoir consommé la perte.

Que les places ne soient plus données à la fortune ou au rang, mais au seul mérite et sans avoir égard aux croyances religieuses ; que l'éducation soit disséminée le plus possible parmi toutes les classes de la société, et que l'on montre un peu plus de commisération pour ceux qu'un moment d'égarement, ou que la force du destin a contraints de se ranger sous les drapeaux de l'insurrection.

Il est temps que ceux qui, depuis des années, sont dans les fers et qui ont bien expié leur faute, revoient enfin le ciel de leur patrie ; car, quoique l'on en dise, la plupart des communistes n'étaient que d'honnêtes gens qui, conduits et aveuglés par des bandits littéraires qui s'esquivèrent au moment du danger, ont obéi sans se rendre compte de ce qu'ils faisaient et croyant réellement que la France était avec eux jusqu'aux derniers jours de l'insurrection, tout comme elle l'avait été dans les premiers jours.

Il est aussi à propos de dire que ce n'est pas au moment où l'on demande une amnistie qu'il faut parler de mettre en accusation des ministres que le mépris public punira plus que les honneurs de la prison, de l'exil ou de la mort.

Il est nécessaire d'amnistier les communistes, mais il ne serait pas plus sage d'en faire des héros, que d'ériger en martyrs les conspirateurs du 16 mai.

Le meilleur guide que nous puissions nous proposer de suivre dans l'avenir est, sans contredit, l'histoire. C'est elle qui nous apprend comment les plus grands empires du monde se sont écroulés, et comment d'autres empires, non moins grands, se sont souvent élevés sur leurs ruines; c'est elle qui nous enseigne que tout ce qui a été acquis par la force des armes a péri de même, ou a succombé par la corruption des mœurs ou l'indolence des hommes; c'est encore elle qui nous fait voir que ces princes orgueilleux, qui agrandissaient sans cesse des empires dont les bases étaient d'argile, étaient semblables aux enfants qui construisent des châteaux de cartes qui s'élèvent très-haut et qui croulent subitement, en semant çà et là les débris de leur grandeur passée, débris qui, ramassés par d'autres serviront à reconstruire un autre édifice, qui s'écroulera comme le premier, à moins qu'il ne repose sur des fondations solides d'abord et consolidées encore par le temps et la sagesse.

La vraie grandeur repose sur un roc, et ce roc est celui des institutions utiles, des lois sages et de la liberté, cette gloire des temps modernes, qui est la seule chose pour laquelle il vaille la peine de verser son sang.

Ici je m'arrête, sachant que le bon sens français saura éviter les écueils où tant de nations se sont brisées, et persuadé que les grands enseignements de l'histoire ne seront perdus ni pour la France, ni pour ceux qui la guident, et que ceux qui rêvent encore à la gloire, ou qui nourrissent en secret des projets de vengeance se rappelleront que, deux fois, en moins de soixante ans, l'amour effréné de la gloire militaire a ouvert les portes de la plus belle capitale du monde à la soldatesque étrangère.

349-3-9. —SAINT-QUENTIN —IMPRIMERIE J. MOUREAU.

www.ingramcontent.com/pod-product-compliance
Lightning Source LLC
Chambersburg PA
CBHW050712070726
47597CB00010B/4417